Einleitung

Zielsetzung

Mit dem Fach Geschichte in der Oberstufe werden Ziele mannigfacher Art verfolgt. Zum einen wollen wir mit der Ausbildung von Fremdverstehen eine Unterstützung bei der Heranreifung der Schülerinnen und Schüler zu toleranten, empathischen Menschen. Zum anderen liegt uns deren Mündigkeit am Herzen, weshalb das Fach Geschichte einen Beitrag zur Diskursfähigkeit künftiger Wählerinnen und Wähler und Studierenden zu leisten hat.

Zur Ausbildung von Diskursfähigkeit bedarf es der Sensibilisierung für Sprache, des Aufbaus eines Fachwortschatzes sowie praktischer Erschließungstechniken für die Durchdringung unterschiedlicher Texte als Argumentationsgrundlage. Um unsere Schülerinnen und Schüler zu kompetenten, weil kritischen Diskursteilnehmern auszubilden, müssen wir sie mit anspruchsvollen Materialien konfrontieren. Nur so können sie zu einer differenzierten Urteilskompetenz gelangen. Nur durch die mühsame Sezierung anspruchsvoller Texte können sie zu Erkenntnissen gelangen, die ihnen tatsächlich die Teilhabe am historisch-politischen Diskurs ermöglichen. Hierzu bedarf es einer nicht unerheblichen Anstrengungsbereitschaft seitens der Schülerinnen und Schüler – hierauf sollten sie (spätestens) zu Beginn der Oberstufe unbedingt und mit Nachdruck hingewiesen werden – sowie zielgerichteter Übungsangebote von Seiten der Lehrkraft.

Bei der Auswahl der folgenden Themen und Materialien haben die oben genannten Überlegungen eine maßgebliche Rolle gespielt. Die Zusammenstellung ist als ein Einführungskurs in grundlegende Methoden und Arbeitsweisen des Faches Geschichte gedacht.

Methodisch-didaktische Hinweise

Bei der Auswahl und der Zusammenstellung der Materialien wird im Dienste der Veranschaulichung wie auch der Motivation mit Blick auf die Lehrplaninhalte vorgegriffen. Da die epochalen Schwerpunkte im Geschichtsunterricht der Oberstufe auf der Neuzeit und Zeitgeschichte liegen, wird auf Quellenmaterial aus der Antike und dem Mittelalter bewusst verzichtet. Gleichzeitig wird von einer zu breiten Streuung an Beispielinhalten innerhalb der Neuzeit und Zeitgeschichte abgesehen, um die Möglichkeit der Verknüpfung mehrerer Themen zu bieten und den Schülerinnen und Schülern Orientierung und Halt zu geben. Deshalb sind die Materialien auch weitestgehend chronologisch angeordnet und können innerhalb gemeinsamer historischer Kontexte betrachtet werden.

So fallen die in Kapitel 1 ausgewählten unterschiedlichen Quellengattungen in die Zeitspanne von 1900 bis 1913, die unterschiedlichen Aussagen zum Armenier-Genozid betreffen die Jahre 1915/16 und ein Teil der Materialausschnitte aus der vorgeschlagenen Leistungskontrolle bezieht sich auf die Schuld am Ausbruch des Ersten Weltkrieges. Wobei die vorgeschlagene Leistungskontrolle auch dergestalt Verwendung finden kann, dass der zweite Teil (Material zur Kriegsschuldkontroverse) als Übungs- und Vertiefungsmaterial im Anschluss an das in Kapitel 7 verwendete Material eingesetzt werden kann. Der erste Teil der Leistungskontrolle (Material zur Definition und Funktion von Geschichte) knüpft thematisch an die Texte von Jordan und Baberowski (Kapitel 1, S. 3) an.

Bei der Leistungskontrolle kann – je nach Zeitansatz – natürlich auch eine geringere Zahl an Positionen ausgewählt werden. Sollte das Material zur Kriegsschuldkontroverse im Unterricht ausführlicher behandelt werden und zum Einsatz kommen, so böte sich ein weiterer Rechercheauftrag an, der den Hintergrund der jeweiligen Historiker mit in den Blick nimmt (z. B.: Recherchieren Sie Hintergrundinformationen zu den jeweiligen Historikern und suchen Sie dabei nach Ansatzpunkten für die unterschiedlichen Sichtweisen).

Bei einigen Themen bietet sich – je nach Lerngruppe und abhängig von der Materialfülle – ein arbeitsteiliges Vorgehen an. Vor allem bei dem Thema 6 (Bildquellen befragen – Geschichte in der Werbung) wäre es sinnvoll, dass ein Teil der Schülerinnen und Schüler Napoleon, der andere Teil Gorbatschow unter die Lupe nimmt.

Die ebenfalls als Bildquelle (Thema 6) gewählte Karikatur fällt zeitlich aus dem Rahmen, da mit ihr ein sehr aktuelles Thema – die Verlegung der amerikanischen Botschaft in Israel nach Jerusalem aufgegriffen wird. Da der derzeitige amerikanische Präsident Trump deutlich zu erkennen ist, sollten die Schülerinnen und Schüler auch ohne große Vorkenntnisse einen Ansatzpunkt für die Entschlüsselung der Karikatur haben. Die Anzahl an vorgegebenen Hilfsfragen zur Beschreibung, Analyse und Interpretation der Karikatur soll die Schülerinnen und Schülern dafür sensibilisieren, auf Details zu achten, damit sie auch in der Lage sind, eine umfangreiche und differenzierte Antwort auf die geforderte Fragestellung zu verfassen.

Eine inhaltliche Einbettung der Karikatur in den Themenkomplex des Nahostkonfliktes ließe sich herstellen, indem die Karikatur im Zusammenhang mit der Bearbeitung von Material 1, Thema 1, Aufgabe 3 (vgl. S. 2) zum Einsatz kommt.

Die Checkliste Referat (S. 23) kann grundsätzlich zu jedem beliebigen Zeitpunkt ausgegeben werden. Sollte das in diesem Heft zusammengestellte Material tatsächlich vollständig und in der vorgegebenen Reihenfolge eingesetzt werden, so sollte auf die Checkliste spätestens im Zusammenhang mit dem unter Thema 2 (Textquellen befragen) angeregten Referat zum Krimkrieg (vgl. Arbeitsauftrag 6, S. 6) eingegangen werden.

1. Einführungsfragen – Funktion von Geschichte, Aufgaben des Historikers, Quellengattungen

M1 Funktion von Geschichte

Was ist es also, was die Beschäftigung mit Geschichte so wichtig macht? Geschichte, so werden viele sagen, hilft, die eigene Welt besser zu verstehen: Indem man untersucht, wie und warum etwas so geworden ist, wie es heute ist, begreift man diesen Gegenstand besser. Manche Dinge sind vielleicht auch nur ausschließlich historisch zu verstehen. So gibt es beispielsweise keine vernünftige Begründung für den palästinensischen Terror gegenüber Israelis oder die israelische Unterdrückung von Palästinensern. Arbeitet man sich aber in die Geschichte beider Völker ein, die eine Geschichte kultureller Gegensätze, eine Geschichte des Streits um Besitz und eine Geschichte der Angst ist, vom jeweils anderen beherrscht zu werden, dann werden die heutigen Vorgänge begreifbar. Das Blutvergießen im Nahen Osten wird durch dieses Begreifen zwar nicht sinnvoll, aber es erhält einen spezifischen, einen *historischen Sinn*. Die Welt geschichtlich zu betrachten, heißt darum, die Welt besser zu verstehen. Es heißt nicht, Verständnis für die Vorgänge in der Welt aufzubringen. Geschichtliches Wissen klärt uns auf, macht uns aber doch nicht zu aufgeklärten Menschen. Die Beschäftigung mit Geschichte bringe *Wissen* hervor, aber keine *Werte*. So kann man im Hinblick auf die Judenverfolgung in der Zeit des Nationalsozialismus sagen, dass so etwas nie wieder geschehen darf. Wer aber Antisemit ist und mit faschistischen Ideen sympathisiert, wird auch heute noch behaupten, dass diese Verfolgungen genau richtig gewesen seien und es allen heute besser ginge, wenn man „wieder aufräumen würde". Was also macht Geschichte wichtig, wenn wir aus ihr keine Aufschlüsse erhalten, wie wir am besten handeln sollen? [...] [Wenn sie] uns ja nur zu mehr Wissen, nicht aber zu Werten [führt]. Schaut man genauer hin, zeigt sich [...] im Blick auf die Politik die besondere Bedeutung von Geschichte: Der Geschichte kommt im Kontext politischen Handelns eine eminente Stellung als *Argument* zu. Selbstverständlich kann man versuchen, Palästinenser und Israelis ganz abstrakt auf ihre Vernunft und ihre Religionen zu verpflichten, um zu einem friedlichen Zusammenleben zu gelangen. Man kann es aber auch versuchen, indem man ihnen mit historischem Blick aufzeigt, dass das Blutvergießen der letzten Jahrzehnte zu nichts anderem geführt hat, als zu weiterem Blutvergießen und zu einer Eskalation der Gewalt. Man kann vielleicht sogar, indem man auf einzelne Formen geglückten Zusammenlebens zwischen beiden Völkern hinweist, die es in deren Geschichte auch gegeben hat, positive Beispiele liefern, wie eine zukünftige friedliche Koexistenz aussehen könnte. Man könnte darüber hinaus beiden Völkern historische Beispiele liefern, wie andere Ethnien und Gruppen zu anderen Zeiten friedlich miteinander gelebt haben. Wer sich mit der Geschichte beschäftigt, erhält keine Werte, aber er wird ein Wissender, der seine Werte anschaulich vertreten kann. Die Tatsache, dass die Beschäftigung mit Geschichte das Wissen bereichert, dass man also aus ihr lernen kann, macht noch eine andere Dimension historischen Denkens deutlich, die ebenfalls im Zusammenhang mit unserem Handeln steht: Der Umgang mit Geschichte kann nämlich in bestimmtem Maße handlungsleitend für unsere Zukunftsplanung werden. Der römische Politiker und Philosoph Cicero (106-43 v. Chr.) bezeichnete die Geschichte in seinem Traktat „Über den Redner" im Jahr 55 v. Chr. als „Lehrmeisterin des Lebens" („historia magistra vitae"). Vor allem im 18. Jahrhundert griffen Historiker diese Wendung auf, um ihrer Hoffnung Ausdruck zu geben, dass man durch das Studium der Geschichte eine praktische Klugheit für die Gestaltung der Gegenwart erreichen könne. Dieser Optimismus verlor sich aber bereits im Laufe des 19. Jahrhunderts. Jacob Burckhardt kam in seinen „Weltgeschichtlichen Betrachtungen" stattdessen zu der Überzeugung: „Wir wollen durch Erfahrung nicht sowohl klug (für ein andermal) als weise (für immer) werden" [Burckhardt, 1982, S. 230]. Burckhardt meinte damit, dass die historische Erforschung eines geschichtlichen Ereignisses den Menschen nicht befähige, in seiner Gegenwart ‚klüger' zu handeln: Welchen praktischen Nutzen sollte es zum Beispiel haben, wenn man sich mit der Entdeckung Amerikas beschäftigt? Die an der Entdeckung beteiligten Personen waren einzigartig, und die historische Situation war es ebenso. Aus der Analyse des Ausbruchs aller Kriege im 20. Jahrhundert kann man keine Strategie entwickeln, wie Kriege im 21. Jahrhundert vermieden werden können.

Jordan, Stefan ([3]2016): Theorien und Methoden der Geschichtswissenschaft. Paderborn, Verlag Ferdinand Schöningh, S. 13-17.

1. Gliedern Sie das Material M1 in Sinnabschnitte, indem sie Absätze eintragen (→⌈).
2. Geben Sie den Absätzen Überschriften.
3. Recherchieren Sie Hintergründe zum Nahostkonflikt und fertigen Sie eine Mind-map an.
4. Finden Sie Beispiele dafür, „wie andere Ethnien und Gruppen zu anderen Zeiten friedlich miteinander gelebt haben" (Z. 22-23).
5. Was macht Geschichte wichtig? Finden Sie eine eigene Antwort.

M2 Die Geschichte „befragen"

Aufgabe von Historikern ist es, Fremdes in Vertrautes zu übersetzen, das Ungewöhnliche für die Bedürfnisse der Gegenwart zum Sprechen und zum Verständnis zu bringen. Das Verstehen und seine Vermittlung ist eine Leistung, die nur in der Offenheit für neue Fragen und Methoden erbracht werden kann. Wo diese Bereitschaft zum Wandel an Erkenntnisformen fehlt, wird das Bemühen um Verstehen schal. [...]

Der Anspruch, zu „zeigen, wie es eigentlich gewesen ist"*, erweist sich in Wahrheit als Illusion. Was dem Historiker in den Quellen gegenübertritt ist nicht die Vergangenheit, es ist jener Teil der Vergangenheit, der sich der Gegenwart erhalten hat. Dokumente und Quellen, die Gegenstände des Historikers, müssen zum Sprechen gebracht werden, sie sprechen nicht für sich selbst. Vergangenheit ist Konstruktion. Ihre Realität bestimmt sich durch das Interesse und den Fragehorizont des Historikers. Die Tatsachen gehören alle nur zur Aufgabe, nicht zur Lösung, – so hatte Ludwig Wittgenstein** dieses Problem einmal beschrieben. Der Wissensfortschritt in den Geisteswissenschaften besteht in der Verfeinerung und stetigen Veränderung des Fragens, in der Erweiterung der Fragemöglichkeiten, im Vermögen, fremde Menschen und Kulturen, die aus den Quellen zu uns sprechen, auf stets neue Weisen verstehbar zu machen. Historiker, die ihre Aufgabe richtig verstehen, beantworten Gegenwartsfragen. Die Formen des Erkennens sind dem Wandel unterworfen. Deshalb ist auch die Vergangenheit immer wieder eine andere, selbst wenn die Quellen, aus denen sie gehoben wird, die gleichen bleiben. Das ist es, was man aus der Beschäftigung mit der Geschichte lernen kann.

Geschichtsschreibung ist Philosophie des Geschehenen, wie es Egon Friedell*** in seiner Kulturgeschichte der Neuzeit einmal schön umschrieben hat. Wer die Vorstellung von einer unabhängig bestehenden, der Vernunft zugänglichen Realität der Tatsachen und Werte verwirft, wird auch mit offenen Augen und Ohren neuen Stimmen lauschen und neue Bilder sehen. Historiker sind Übersetzer. Sie sprechen mit Texten aus der Vergangenheit so wie ein Mensch der Gegenwart mit einem anderen Menschen spricht, dessen Rede ihm nicht sofort verständlich ist. So lernen sie auch sich selbst und die Kultur, aus der sie kommen, kennen. Sofern Historiker Fragen beantworten, die zum Verstehen dessen beitragen, was in der gegenwärtigen Öffentlichkeit als unverstanden gilt, leisten sie einen Beitrag, der auch außerhalb der Historikerzunft gebraucht werden kann. [...] Aufgabe des Historikers ist es, sich vom Anderen, das ihm begegnet, etwas sagen zu lassen, anstatt es mit scheinbar aufgeklärten Vor-Einsichten zu erdrücken. [...] Es versteht sich von selbst, daß in solchem verstehenden Forschen der Mensch als Schöpfer der Kultur, in die er versetzt ist, [...] in den Vordergrund treten muß. [...] Die Kultur ist der Aufenthalt des Menschen. Ihr ist der Historiker ebenso ausgeliefert wie die historischen Menschen, die aus den Texten zu uns sprechen. Wenn das eingesehen ist, dann eröffnen sich für den neugierigen und philosophisch informierten Historiker zahlreiche neue Möglichkeiten, die Vergangenheit anzuschauen und im Verstehen des Anderen auch jene Welt besser kennenzulernen, aus der man selbst kommt.

Baberowski, Jörg (2001): Die Entdeckung des Unbekannten. Rußland und das Ende Osteuropas, in: Ders. u. a., Geschichte ist immer Gegenwart. Vier Thesen zur Zeitgeschichte. Stuttgart/München, S. 11-14.

* Geht zurück auf Leopold von Ranke (1785-1886), einen der bedeutendsten deutschen Historiker des 19. Jahrhunderts.
** Ludwig Wittgenstein (1889-1951), österr.-brit. Philosoph
*** Egon Friedell (1878-1938), österr. Schriftsteller und Philosoph

1. Erläutern Sie, weshalb sich der Anspruch, zu zeigen, wie es eigentlich gewesen ist, als Illusion erweist.
2. Markieren Sie im Text die Formulierungen, mit denen Baberowski die Aufgaben des Historikers benennt.
3. Nehmen Sie Baberowskis Überlegungen als Grundlage und formulieren Sie in eigenen Worten „Regeln für den Historiker".

M3 Der Blaue Hunderter

Links hinten: Meer + Schlachtschiffe Flotten- und Kolonialpolitik
Links vorne: Gegenstände → verschiedene Bevölkerungsschichten (Bauern, Handwerker, Industriearbeiter, Akademiker)
Mitte: Eiche → die beiden verschlungenen Eichenstämme stehen für die nord- und süddeutschen Staaten
Rechts: Germania → Blick schweift scheinbar ins Leere, trifft sich aber mit dem Blick Wilhelms I. im Wasserzeichen (auf dem Abdruck nicht zu erkennen!)

M4 „Ein eigentümlich nervöses Unbehagen"

Privatbrief Mühlbergs an Bülow, Norderney:

Berlin, 14. Juli 1907

[...] Wenn man die allgemeine Weltlage überschaut, so bemerkt man trotz aller Akkords und Arrangements ein eigentümlich nervöses Unbehagen bei unseren guten Freunden. Polemik in der russischen und französischen Presse über den Wert des Zweibunds, scharfer Ausfall des „Temps" gegen England wegen dessen Eigenmächtigkeit in Ägypten, wachsende Animosität zwischen Vereinigten Staaten und Japan – bei allen diesen Zuckungen können wir den beobachtenden Zuschauer spielen und daraus eine Lehre über den problematischen Wert der epidemisch gewordenen und so laut ausgeschrieenen Garantieverträge und Deklarationen ziehen. Wie Eure Durchlaucht es sagten, die Zeit läuft für uns, und an dem festen Block, den wir zusammen mit Österreich in Zentraleuropa bilden, werden die papiernen Wurfgeschosse der uns unfreundlich gesinnten Nationen machtlos niederfallen.

Große Politik der europäischen Kabinette 21, 2, Nr. 7270, zit. nach: Behnen, Michael (1977): Quellen zur Quellen zur deutschen Außenpolitik im Zeitalter des Imperialismus 1890-1911, Darmstadt, S. 384f.

M5 „Die ganze Welt rüstet"

Auszüge aus der Rede des sozialdemokratischen Reichstagsabgeordneten Philipp Scheidemann vom 28. Juni 1913 zur Militärvorlage:

[...] Meine Herren, ohne jeden äußeren Anlaß, ohne jedwede Not, unter dem Bruch gegebener Versprechungen [...] hat man dem deutschen Volk und der ganzen Welt diese neue Militärvorlage ins Gesicht geschleudert. Deutschland hat sich wieder einmal als das Land der unbegrenzten Möglichkeiten erwiesen. [...] Meine Herren, man hat eine politische Überraschung produziert, die man nur vergleichen kann mit den Leistungen von Agadir und von Tanger, nur daß es sich hier um eine noch viel kostspieligere und in ihren Folgen viel unabsehbarere, vielleicht sehr folgenschwere Sache handelt.

Und, meine Herren, was ist denn nun erreicht worden mit dieser Vorlage? Frankreich rüstet, Belgien rüstet, Rußland rüstet, die ganze Welt rüstet seit dem Augenblick, wo wir diese unglückselige Militärvorlage zu beraten gehabt haben. [...]

Meine Herren, wir stellen in unser stehendes Heer 136 000 Mann mehr ein, Frankreich vermehrt sein stehendes Heer durch die Zurückhaltung eines ganzen Jahrgangs, und wie Sie auch rechnen mögen, das steht fest: das bedeutet für Frankreich die Verstärkung seines Heeres um mehr als 136 000 Mann. [...]

Meine Herren, und nun Rußland! Rußland baut neue Eisenbahnen, die ja für dieses große Reich jetzt wichtiger sind als ein paar Armeekorps, Rußland baut seine Wege aus und wirft an die polnische Grenze einige Armeekorps, Rußland ist jetzt, wie wir aus der Presse gelesen haben, drauf und dran, eine Militärvorlage von ungeheuerlicher Dimension zur Verabschiedung zu bringen. Meine Herren, das ist unser „Gewinn an schnellbereiter Kampfkraft", daß wir durch eine Maßnahme, die wir in Deutschland ergreifen, und die uns stärken soll, dafür sorgen, daß ganz Europa rüstet, und daß wir nun gegenüber allen anderen schließlich doch schwächer sind, als wir vorher gewesen sind. [...]

Verhandlungen des Reichstags, Band 290, zit. nach: Berghahn, Volker/Deist, Wilhelm (1988): Rüstung im Zeichen der wilhelminischen Weltpolitik. Grundlegende Dokumente 1890-1914. Düsseldorf, S. 417.

1. Erläutern Sie, welche Aussage mit dem „Blauen Hunderter" (M3) getroffen werden sollte.
2. Fassen Sie Mühlbergs Einschätzung der Weltlage im Juli 1907 (M4) zusammen.
3. Geben Sie Philipp Scheidemanns Meinung (M5) in eigenen Worten wieder.
4. Formulieren Sie Fragen an die bzw. zu den unterschiedlichen Quellen (M3-M5).
5. Diskutieren Sie Vor- und Nachteile dieser unterschiedlichen Quellengattungen mit Blick auf den zu erzielenden historischen Erkenntnisgewinn.
6. Fertigen Sie eine Liste mit weiteren Quellengattungen an (gerne mit Beispiel). Notieren Sie Ihre Überlegungen zum jeweiligen historischen Erkenntnisgewinn.

2. Textquellen befragen – Quellenkritik

M1 Eindrücke eines Augenzeugen

Der Hamburger Orientalist und Diplomat Andreas David Mordtmann d. Ä. (1811-1879):

Andreas David Mordtmann (Foto: unbekannt)

Um das Land, bey dessen Regierung ich die Hansestädte zu vertreten habe, gründlich kennen zu lernen, habe ich gethan, was keiner meiner Collegen gethan hat. Nachdem ich etwa 5 Jahre damit zugebracht hatte, die Sprachen der Eingeborenen zu studiren, durchstreifte ich das Land in verschiedenen Richtungen, wobey ich vorzugsweise minder bekannte Gegenstände aufsuchte. Ich reiste im strengsten incognito, ohne alle auffällige Begleitung, mit einem einzigen Bedienten; ich kroch in die armseligsten Höhlen der armseligsten Dörfer, u. saß still im Kreise der Bauern oder Nomaden, indem ich ihre Reden belauschte, u. oft that, als verstände ich ihre Sprache gar nicht; dann benutzte ich wieder meine amtliche Stellung, um mir Zutritt zu den Paschas zu verschaffen, die ich am liebsten mitten in ihren Amtsverrichtungen überraschte. Das alles war ziemlich beschwerlich, aber ich hatte das Vergnügen, die reine nackte Wahrheit der türkischen Zustände zu sehen, u. verzichtete daher auch gern auf die Annehmlichkeit, mir von Regierungs wegen Truppen zur Begleitung zu erbitten, auf Staatspferden zu reiten u. sie mir nachher schenken zu lassen; ich sah nirgends gemalte Dörfer, sondern das bitterste Elend, u. was ich sah, das habe ich in meinen amtlichen Berichten unverhüllt gesagt. Ich bin der einzige von den hiesigen Diplomaten, der von dem Sultan keinen Orden erbeten oder bekommen hat; ich kann nicht sagen, daß ich der Liebling der türkischen Großen bin; die Behandlung, die mir zu Theil wird, ist diejenige, die ich in meiner Stellung, nach Völkerrecht u. nach Traktaten von ihnen zu verlangen berechtigt bin; ich habe also gegen die Türkei keine Verbindlichkeit, die mir etwa den Mund schließen könnte. Ebenso wenig habe ich von irgend einer andern fremden Regierung Orden oder Sold, so daß ich in der Vertretung der mir anvertrauten Interessen nach keiner Richtung hin genirt bin. In dieser Lage sah ich das nunmehr ausgebrochene Gewitter schon vor vielen Jahren aufsteigen, u. ich habe den Hohen Senaten darüber gewiß keine Illusionen gemacht; niemand kann mir vorwerfen, daß ich zu schwarz gesehen habe; das was ich schwarz gesehen habe, ist seitdem noch nicht weiß geworden, wird's auch für's erste nicht werden.

Vertraulicher Brief an Merck, 3.4.1854, StAHH, Cl. VI No. 12 Vol. 4b Fasc 14, ohne Blattnummerierung.

1. Schreiben Sie einen kurzen Absatz, in dem Sie die Quelle vorstellen (Autor, Entstehungszeit, Gattung, Inhalt). Beginnen könnten Sie zum Beispiel wie folgt: „Bei dem vorliegenden Material handelt es sich um ..."
2. Markieren Sie Wörter oder Passagen, deren Inhalt sich Ihnen nicht auf Anhieb erschließt. Formulieren Sie hierzu Fragen.
3. Formulieren Sie Fragen, die für eine möglichst weitgehende Recherche über die faktischen Hintergründe und Umstände der Entstehung von M1 von Bedeutung sind.
4. Sortieren Sie Ihre Fragen thematisch, indem Sie Überbegriffe finden (z. B. „Biografie", „Diplomatischen Dienst", „Deutsch-türkischen Beziehungen", „Internationalen Beziehungen", ...). Sprechen Sie mit Ihrem Partner/Ihrer Gruppe ein arbeitsteiliges Vorgehen für die Recherche zur Beantwortung Ihrer Fragen ab.
5. Analysieren Sie die Argumente, mit denen Mordtmann sich als zuverlässiger Berichterstatter präsentiert.
6. Bereiten Sie ein Referat zum Krimkrieg vor.
7. Ordnen Sie das Material in seinen historischen Zusammenhang ein. Verwenden Sie hierfür als einleitenden Absatz die Vorstellung der Quelle (siehe Aufgabe 1). Lassen Sie in den Folgeabsätzen Ihr mittels Recherche gewonnenes Hintergrundwissen einfließen.

3. Erschließungsstrategien für den Umgang mit wissenschaftlichen Texten

fiktiver – relativiert – Terminus – modifizierter – publizierte – Relativität – indiziert – Objektivität (2×) – Historiographie – stimulierte – konstitutive – Konstellationen – objektiv – Historismus – Diktum – Reflexion – konstatieren – Postulat – komplementäre – kollektive

M1 Was ist Zeitgeschichte?

Zu keiner Zeit verzichteten Historiker darauf, die Geschichte ihrer eigenen Zeit zu schreiben. Schon immer ließen sich Geschichtsschreiber durch ihre Gegenwart zu Fragen anregen und übertrugen solche Anregungen auf Epochen, die jenseits ihres eigenen Erfahrungshorizontes lagen. Der erkennende Historiker steht zu seinem Untersuchungsgegenstand nicht notwendig in einem Verhältnis vorgegebener Distanz: Die Distanzierung des Untersuchungsgegenstandes ist oft erst Teil seiner Arbeit und trägt zu ihrer Wissenschaftlichkeit bei. Zwischen der prinzipiellen ________________ historischer Interpretation und dem regulativen ________________ der ________________ oszilliert die wissenschaftliche Erforschung der Geschichte. Zeitgeschichte unterscheidet sich in dieser Hinsicht nicht von der alten, mittelalterlichen oder frühneuzeitlichen Historie. „Geschichte ist Zeitgeschichte" bemerkte Benedetto Croce.

Standortgebundenheit ________________ schon Methodologen des 18. Jahrhunderts, beispielsweise Johann Martin Chladenius in seiner 1752 veröffentlichten *Allgemeinen Geschichtswissenschaft*. Und Chladenius bewertete diese Gebundenheit historischer Aussagen an den Standort des Betrachters, den „Sehepunkt", keineswegs negativ. Vielmehr konstituierte er den Gegenstand historischer Erkenntnis nicht vom Objekt, sondern vom Subjekt des Betrachters aus: Geschichte definierte Chladenius durch Zeitgenossenschaft. Doch ließ auch die Forderung nicht lange auf sich warten, die da lautet, Geschichte müsse vom Gegenstand der Erkenntnis her geschrieben werden. In der ________________ der Aufklärung setzte sich mehr und mehr die Forderung durch, Geschichtsschreibung habe unparteilich zu sein. Leopold von Rankes viel zitiertes ________________, der Geschichtsschreiber solle darstellen, wie es eigentlich gewesen ist, bereitete sich also ebenfalls im 18. Jahrhundert vor. Der ________________ Grundsatz, historische Interpretation müsse vom Selbstverständnis der jeweils untersuchten Epoche ausgehen, prägte den seit dem 18. Jahrhundert sich ausbildenden und bei Ranke zur Höhe gelangenden ________________.

Führten solche methodologischen Einsichten zum Verzicht auf Geschichtsschreibung? Keineswegs! Zeitgeschichtsschreibung ist alt, so alt wie Geschichtsschreibung überhaupt. Schon Thukydides' (460 bis ca. 400 v. Chr.) *Geschichte des Peleponnesischen Krieges* war Zeitgeschichtsschreibung. Bereits er bemühte sich indessen um tatsachengetreue Berichterstattung, die er allerdings durch literarisch wirkungsvolle Einschübe ________________ Reden auflockerte, in denen Motive, Handlungstypen sowie politische ________________ verdichtet werden sollten. Aufschlussreich ist, wie Thukydides die Begrenzung seines Untersuchungsgegenstandes begründete: Der Peleponnesische Krieg habe die „bei weitem gewaltigste Erschütterung für die Helenen und einen Teil der Barbaren, ja [...] unter den Menschen überhaupt gebracht". Was vor diesem Krieg geschehen sei, dass sei „wegen der Länge der Zeit unmöglich genau zu erforschen".

Beide Begründungen des Thukydides finden sich auch im neuzeitlichen Verständnis von Zeitgeschichte, was zum Teil durch seine Wirkung auf Historiker des 18. Und 19. Jahrhunderts, wie beispielsweise David Hume und Ranke, erklärbar ist. Sie charakterisierten aber außerdem eine fundamentale Befindlichkeit, die auch noch im 20. Jahrhundert das Verhältnis zur zeitgenössischen Geschichte prägte: Das beschriebene historische Ereignis machte die Miterlebenden grundstürzend *betroffen*, es war erkennbar, weil es zeitlich *nahe* lag. Nicht in jeder Epoche hat solch fundamentale Betroffenheit den Charakter der Zeitgeschichtsschreibung jedoch in gleichem Maße geprägt. Weder Friedrich der Große, der wie einst Caesar zur Feder griff, um 1775 die *Histoire de mon temps* zu schreiben, noch die übrigen Historiker des 18. Jahrhunderts, die [...] ihre historischen Werke bis an die Schwelle der eigenen Zeit heraufführten, fühlten sich in ihrer persönlichen oder kollektiven historisch-politischen Existenz fundamental erschüttert.

Wandel brachte erst die 1789 beginnende Französische Revolution. Sie berührte wie kein anderes Ereignis seit der Reformation die Geschichtsschreiber im Kern ihrer politischen und moralischen Überzeugungen. „La révolution est un bloc", bemerke Georges Clemenceau und brachte damit die Schwierigkeit zum Ausdruck aus ihrer Geschichte positive und negative Elemente säuberlich zu trennen. Alles Bemühen um ________________ änderte an dieser unmittelbaren Betroffenheit nichts.

Trotzdem wurde durch das ganze 19. Jahrhundert hindurch Zeitgeschichte geschrieben, gerade die Revolution ________________ die Zeitgeschichtsschreibung. Und auch der ________________ findet sich. Lorenz von Stein beispielsweise begriff die Zeitspanne zwischen 1789 und 1830 bzw. 1848 als einheitliche Epoche revolutionärer Umwälzung und nannte seine zuerst 1842 und dann 1850 in erweiterter und aktualisierter Form ________________ Darstellung ausdrücklich einen „Beitrag zur Zeitgeschichte".

Es ist kein Zufall, dass sich die Periodisierung der Zeitgeschichte national unterschiedlich ausprägen kann, da für die historische ________________ fundamentaler Umbrüche das ________________ historisch-politische Gedächtnis einer Nation, das der französische Soziologe Maurice Halbwachs als „kollektive Erinnerung" fasste, eine ________________ Funktion besitzt. So beginnt die „Histoire contemporaine" (so u. a. J.-P. Brunet/A. Plessis) in Frankreich mit dem Ausbruch der Revolution am 14. Juli 1789, obwohl die moderne Revoltionsforschung dieses Datum durchaus ________________ hat. Die Zeit nach der „Libération" Frankreichs von der nationalsozialistischen Besatzungsherrschaft, die mit dem Marsch General de Gaulles über die Champs Elysée am 25. August 1944 begann, wird demzufolge als „histoire présente" verstanden. In England bildet die Parlamentsreform von 1832 einen solchen Einschnitt, dass mit ihr die „Contemporary History" beginnt. Der Begriff „Current History" ________________ ebenso wie der in Frankreich benutzte Terminus „histoire immédiate" unverkennbar die Gegenwärtigkeit und Unabgeschlossenheit, die zeitgeschichtliches Verständnis im engeren Sinne konstituierten. [...]

Auch in der deutschen Sprache besitzt der Begriff Zeitgeschichte eine lange Tradition. In der Pluralform „Zeitgeschichten" ist er bereits 1657 beim Barockdichter Sigmund von Birken nachweisbar. Seit Johann Christian Günther im 18. Jahrhundert wurde er immer wieder gebraucht, meist mit Bezug auf die jeweils neueste Geschichte, über die sich die Schriftsteller und Publizisten öfter äußerten als die Fachhistoriker. Während des 19. Jahrhunderts schreiben dann nicht allein Außenseiter Zeitgeschichte, sondern nahezu alle großen Neuzeithistoriker, seien es nun Leopold von Ranke, Heinrich von Sybel oder Heinrich von Treitschke. Und keiner dieser Historiker scheute sich, Wertungen in die Darstellung einzubringen, wenngleich Ranke in dieser Hinsicht erheblich zurückhaltender war als die beiden anderen Genannten.

Immerhin mögen gerade Treitschkes politische Befangenheiten nach 1945 dazu beigetragen haben, einen großen Historiker wie Franz Schnabel in seiner Skepsis gegenüber der Zeitgeschichtsschreibung zu bestärken. Dürfte doch Schnabel während der Arbeit an seiner *Deutschen Geschichte im 19. Jahrhundert* mehr als einmal zu der Erkenntnis gelangt sein, dass sein Vorgänger Treitschke – der zu eben diesem Thema ein fünfbändiges und gleichfalls unvollendetes Werk geschrieben hatte – zu dicht an seinem Gegenstand war, um ihm gegenüber unbefangen und ________________ sein zu können.

Nach Ende des Zweiten Weltkriegs, als sich Zeitgeschichte im heutigen Verständnis zu konstituieren begann, tauchten wesentliche der hier angedeuteten methodologischen Sachverhalte in ________________ Weise wieder auf. Eine „Stunde Null" ist der 8. Mai 1945 für die Historiographie nicht gewesen, so fundamental dieser Einschnitt auch war.

Möller, Horst (2003): „Was ist Zeitgeschichte?" in: Möller, Horst/Wengst, Udo (Hg.): Einführung in die Zeitgeschichte, München, Verlag C.H. Beck, S. 13-17.

1. Lesen Sie zunächst die Fremdwörter in der Box und schlagen Sie Begriffe nach, deren Bedeutung Ihnen nicht bekannt ist.
2. Ordnen Sie nun die Begriffe in die entsprechenden Lücken im Text.
3. Lesen Sie den Text nun mit dem Ziel, dessen inhaltliche Aussagen nachvollziehen zu können.
4. Notieren Sie für die jeweiligen Abschnitte relevante Schlüsselbegriffe am Rand neben dem Text.
5. „Zwischen der prinzipiellen Relativität historischer Interpretation und dem regulativen Postulat der Objektivität oszilliert die wissenschaftliche Erforschung der Geschichte" (Z.5-6). Geben Sie die Bedeutung dieses Satzes in eigenen Worten wieder.
6. Erklären Sie den Begriff „Standortgebundenheit".
7. Identifizieren Sie im Text genannte Faktoren, die dabei helfen festzulegen, was wir unter Zeitgeschichte verstehen.
8. Analysieren Sie die Problematik einer international gültigen Periodisierung an einem Beispiel.

Lösung: Relativität – Postulat – Objektivität – konstatieren – Historiographie – Diktum – komplementäre – Historismus – fiktiver – Konstellationen – Objektivität – stimulierte – Terminus – publizierte – Reflexion – kollektive – konstitutive – relativiert – indiziert – objektiv – modifizierter

4. Perspektivität in der Geschichte – Verfolgung und Ermordung der Armenier 1915/16

Perspektivität ist ein unvermeidbarer Bestandteil jeder Erzählung. Dessen müssen wir uns in der Auseinandersetzung mit Geschichte und Geschichten bewusst sein. Bei der Benennung und Untersuchung von Perspektivität unterscheiden Historiker zwischen der Perspektivität in den Zeugnissen der *historisch Beteiligten* und Betroffenen *(„Multiperspektivität")* und der Perspektivität in den *Deutungen der später Betrachtenden* und Urteilenden *(„Kontroversität")*.

M1 Umsiedlungserlass sah Versorgung und Schutz der Deportierten vor

Dr. Berna Türkdogan Uysal (1969-2013) lehrte u. a. an der Akdeniz Universität (Türkei). Ihre Forschungsschwerpunkte waren die türkisch-armenischen Beziehungen und die Geschichte der Çamen.

Die armenischen Aufständischen nutzten die schwierige Kriegslage des Osmanischen Reiches aus. Während die osmanische Armee an zahlreichen Fronten gegen mehrere europäische Großmächte kämpfte, [...] nahmen die Aufstände weiter zu. Sie zwangen die Regierung des Osmanischen Reiches in der Folge zu extremen Maßnahmen. Innenminister Talat Pascha warnte die armenischen Führer, dass, wenn diese weiterhin mit dem Feind zusammenarbeiten würden, notwendige Maßnahmen ergriffen werden würden. Gleichwohl setzten einige Armenier ihren Verrat fort und kooperierten weiter mit den Russen. [...] Daraufhin erließ das osmanische Kabinett am 30. Mai 1915 einen Erlass, welcher die Umsiedlung der Armenier aus den Kriegsgebieten vorsah. Dieser Erlass sah dabei die Versorgung der Deportierten mit Unterkünften und Nahrung sowie den Schutz ihrer Besitztümer vor.

Uysal, Berna Türkdogan (2009): The Displacement. Turkish-Armenian Relations since 1915, Istanbul 2009, S. 97 ff.

M2 Das Ende der armenischen Existenz in großen Teilen Anatoliens

M. Sükrü Hanioglu ist Professor für spätosmanische Geschichte und Garret Professor für auswärtige Angelegenheiten am Department of Near Eastern Studies der Princeton University (USA).

Eines der tragischsten Kapitel des Krieges stellt die Deportation eines großen Teiles der armenischen Bevölkerung Anatoliens dar. Konfrontiert mit dem drohenden vollständigen Zusammenbruch der osmanischen Ostfront zu Beginn des Krieges, entschied die Regierung offenbar, sämtliche armenischen Angehörigen der Armenischen Apostolischen Kirche, die in und an den Rändern der osmanisch-russischen Kriegszone lebten, zu deportieren. Legitimiert wurde diese Maßnahme damit, dass armenische Revolutionskomitees gegen das Osmanische Reich rebellierten und den näher rückenden russischen Armeen entscheidende Unterstützung zuteil werden ließen. Die genaueren Unterscheidungen, welche das provisorische Gesetz selbst noch vorgenommen hatte, wurden bei dessen Umsetzung jedoch aufgegeben. Dies führte dazu, dass nahezu die gesamte armenische Bevölkerung, die mit der Apostolischen Kirche in Verbindung stand, deportiert wurde. Ausnahmen stellten jene dar, die in Istanbul, Izmir, einigen kleineren Städten wie Kütahya und einigen arabischen Provinzen ansässig waren. Außerdem deportierte die Regierung zahlreiche führende Mitglieder der armenischen Elite der Hauptstadt und anderer größerer Städte, darunter zahlreiche Intellektuelle und Angehörige der akademisch gebildeten und wirtschaftlichen Oberschicht, mit der Begründung, dass sie heimlich die rebellierenden armenischen Komitees unterstützten. Viele prominente Politiker, unter anderem mehrere armenische Mitglieder der Osmanischen Abgeordnetenkammer, teilten später das gleiche Schicksal. Die Deportation der Armenier (vor allem nach Dayr al-Zawr in Syrien) wurde unter massiver Gewaltanwendung durchgeführt. Dies sowie der Hunger und die extremen Witterungsbedingungen hatten riesige Bevölkerungsverluste zur Folge. De facto bedeutete dies in großen Teilen Anatoliens das Ende der armenischen Existenz.

Hanioglu, M. Sükrü (2008): A Brief History of the Late Ottoman Empire, Princeton/Oxford, S. 182.

 M3 Sie starben alle Tode der Erde

Armin Theophil Wegner (1886-1978) war 1916 als Sanitätsoffizier unter Feldmarschall Colmar Freiherr von der Goltz in Ost-Anatolien tätig und sah dabei mit eigenen Augen die Vertreibung und den Völkermord an den Armeniern. Er war nicht nur Augenzeuge, sondern hielt das Geschehen auch fotografisch und literarisch fest.

Die Armenier wurden auf dem Weg in die Wüste von Kurden erschlagen, von Gendarmen beraubt, erschossen, erhängt, vergiftet, erdolcht, erdrosselt, von Seuchen verzehrt, ertränkt, sie erfroren, verdursteten, verhungerten, verfaulten, wurden von Schakalen angefressen. Kinder weinten sich in den Tod, Männer zerschmetterten sich an den Felsen, Mütter warfen ihre Kleinen in Brunnen, Schwangere stürzten sich mit Gesang in den Euphrat. Alle Tode der Erde, die Tode aller Jahrhunderte starben sie.

Gottschlich, Jürgen (2015): Beihilfe zum Völkermord. Deutschlands Rolle bei der Vernichtung der Armenier. Berlin, S. 27.

 M4 Die Frage nach der deutschen Beteiligung

Christopher G. Brandt lehrt an der Universität Potsdam und unterrichtet an der Schule „Heinrich von Kleist" in Potsdam.

[...] der von der jungtürkischen Regierung organisierte Völkermord [an den Armeniern] gilt als erster großer moderner Völkermord, der somit historisch und strukturell im Zusammenhang mit dem Holocaust betrachtet werden muss. Hinzu kommt, dass das Osmanische Reich und das Deutsche Kaiserreich zur Zeit des Ersten Weltkrieges militärpolitische Bündnispartner waren. Die als Umsiedlung getarnten Massaker werfen damit auch die Frage nach der deutschen Beteiligung auf. Mit dem Wissen um die Verantwortung Deutschlands für die Völkermorde an den Herrero und Nama, an den europäischen Juden und an den Sinti und Roma stellt sich diese Frage damit mit großer Nachdrücklichkeit. Gerade aus deutscher Perspektive kann der Völkermord deshalb nicht als eine Art „Nebenkriegsschauplatz" missverstanden werden. Schließlich und nicht zuletzt ergibt sich die Relevanz des Themas aus dem Aktualitätsbezug, denn immer wieder kommt es zu internationalen diplomatischen Konflikten, weil die Türkei den vorsätzlichen Völkermord abstreitet. [...]

Brandt, Christopher G. (2015): Der Völkermord an den Armeniern. Bausteine für eine Unterrichtsreihe. Potsdam, S. 6.

 M5 Eine weitgehend sehr einseitige Darstellung der historischen Ereignisse

Christian Johannes Henrich hat mehrere Jahre in der Türkei gelebt und über die türkische Außenpolitik der Jahre 2002-2012 promoviert.

Eine große Zahl der armenischen Minderheit fiel 1915 den Umständen des Krieges zum Opfer. Dabei aber von einem Völkermord zu sprechen ist bar jeder Realität. Vielmehr waren zum einen die anhaltende Nahrungsmittelverknappung und eine daraus resultierende Hungersnot eine der Hauptursachen für die zahlreichen Opfer. Diese Versorgungsengpässe führten im Übrigen auch zu nennenswerten Verlusten beim osmanischen Heer. Zum anderen waren aber auch die terroristischen Übergriffe der armenischen Revolutionskomitees für zahlreiche Tote auf beiden Seiten verantwortlich. In einigen wenigen Fällen kam es auch zu Übergriffen durch die osmanische Armee, die Gendarmerie sowie durch umherziehende kurdische Banden. Dennoch sehen die Armenier, vor allem in der Diaspora, heute in den „Umsiedlungsaktionen" einen systematischen Völkermord des Osmanischen Reiches; die Türken widersprechen dem [...]

Die weitgehend sehr einseitige Darstellung der historischen Ereignisse sowie das Verschweigen der weitaus höheren Opferzahlen auf islamischer Seite durch die armenischen Historiker und Politiker prägt seit mehr als 90 Jahren die internationale Wahrnehmung dieses Konfliktes. [...]

Henrich, Christian Johannes: Armenische Revolutionskomitees im Osmanischen Reich, in: Gieler, Wolfgang; Henrich, Christian Johannes (Hg.) (2010): Politik und Gesellschaft in der Türkei. Im Spannungsverhältnis zwischen Vergangenheit und Gegenwart. Wiesbaden, S. 11-26.

1. Fassen Sie die Hauptaussage(n) der Quellen M1-M5 in eigenen Worten zusammen.
2. Benennen Sie die unterschiedlichen Perspektiven, welche bei der Auswahl der Materialien M1-M5 Berücksichtigung finden.
3. Zeigen Sie auf, welche weiteren Perspektiven auf die Verfolgung und Ermordung der Armenier in den Jahren 1915 und 1916 für ein möglichst vollständiges Bild berücksichtigt werden müssten.

5. Kursarbeitstraining – Dekodierung von Fragestellungen und zielgerichtete Bearbeitung von Teilaufgaben

Zur Vorbereitung

a. Lesen Sie zunächst die durchnummerierten Arbeitsaufträge aufmerksam durch und markieren Sie die jeweiligen Operatoren sowie relevante Schlüsselbegriffe.

b. Füllen Sie die folgende Tabelle aus:

Arbeitsauftrag	Operator → Bedeutung	Schlüsselbegriffe	Stichpunkte zur Bearbeitung

c. Lesen Sie nun den Text (M1) und überlegen Sie, welche Passagen zur Beantwortung welches Arbeitsauftrages von Bedeutung sind.

d. Schreiben Sie sich die jeweilige Ziffer des Arbeitsauftrages neben einer geschweiften Klammer an den Rand des Textes.

e. Fertigen Sie Stichpunkte zur Beantwortung der jeweiligen Arbeitsaufträge an.

f. Vergleichen Sie Ihre Stichpunktsammlung mit Ihrer Tabelle und überprüfen Sie, ob Sie den Anforderungen der Operatoren gerecht werden sowie zielgerichtet auf die Schlüsselbegriffe des Arbeitsauftrages eingehen.

g. Bearbeiten Sie nun die durchnummerierten Arbeitsaufträge in einem gegliederten Fließtext.

M1 Ein aussichtsloses Unterfangen

Damals wie heute halte ich eine Definition für richtig, wonach man von Widerstand nur sprechen kann, wenn der Einsatz in einem vernünftigen Verhältnis zu dem zu erwartenden Erfolg stand. Diese Definition schützt den Begriff des Widerstandes vor der gängigen Inflationierung, bewahrt seine Würde.

Danach wäre etwa die „Weiße Rose" kein Widerstand gewesen, sondern der dramatische Aufschrei eines überwiegend religiös bestimmten und gequälten Gewissens. Es lässt sich nichts denken, was politisch sinnloser gewesen wäre, als 1943 in der Münchner Universität Flugblätter zu streuen. Es wäre die Pflicht des Professors Kurt Huber gewesen, als Erwachsener die unseligen jungen Leute von ihrem Tun abzuhalten, das von vornherein aussichtslos war und nur zum sicheren Tod führen konnte. Ihnen war es nicht einmal vergönnt, im eigentlichen Sinne des Wortes Märtyrer zu sein; denn der Märtyrer setzt Adressaten, eine Öffentlichkeit voraus, vor der er Zeugnis ablegt; die Gestapo und der Volksgerichtshof konnten nicht gut als „Öffentlichkeit" gelten. Doch der Platz vor der Münchner Universität wurde ausgerechnet nach Kurt Huber benannt, auf dessen Konto das Leben einiger prachtvoller und bewundernswerter junger Leute ging.

Martini, Winfried (1991): Der Sieger schreibt die Geschichte. Anmerkungen zur Zeitgeschichte. München, © 1991 Universitas in der F.A. Herbig Verlagsbuchhandlung München, S. 219 f.

1. Nehmen Sie kritisch Stellung zu Winfried Martinis Definition von Widerstand.
2. Erörtern Sie seine Beurteilung der „Weißen Rose".
3. Vergleichen Sie die „Weiße Rose" mit anderen Ihnen bekannten Widerstandsformen und -gruppen. Beziehen Sie hierbei auch Motivation und Zielsetzung der Akteure ein.

Erwartungshorizont

	Operator → Bedeutung/Synonyme	Schlüsselbegriffe	Stichpunkte zur Bearbeitung
1	Kritisch Stellung nehmen →	Martinis Definition Widerstand	• Sehr enggefasste Definition, die sich nur am zu erwartenden Erfolg orientiert. • Obgleich der Begriff nicht unumstritten ist, herrscht in der Historikerzunft Einigkeit über dessen Komplexität und über die Tatsache, dass es ein breites Spektrum an Handlungen gab, die sich alle unter diesem Begriff verorten lassen (von der Verweigerung des Hitlergrußes bis hin zu politisch-konzeptionellem Widerstand) und die alle ein beträchtliches Risiko für den sich Widersetzenden darstellten. • Das Anliegen Martinis, den Begriff vor der Inflationierung zu bewahren ist nachvollziehbar. Das von ihm herangezogene Beispiel der Weißen Rose ist allerdings problematisch.
2	Erörtern →	Seine Beurteilung Weiße Rose	• Sehr zynische und „leistungsorientierte" Sicht der Dinge, die vom tragischen Ausgang des Unterfangens her argumentiert. • Die Gattung Flugblatt ist sehr wohl öffentlichkeitswirksam, wenngleich die Wirkung natürlich zeitverzögert eintritt. Klarer Nachteil des Flugblattes mit Blick auf Breite der Zielgruppe („Aufruf an alle Deutsche!"): Es ist sehr lang und setzt einen gewissen Bildungsgrad voraus. • Die „Weiße Rose" hat gerade mit Blick auf jüngere Generationen seit Ende des Zweiten Weltkriegs hohen Identifikationswert.
3	Vergleichen →	Weiße Rose Andere Widerstandsformen Widerstandsgruppen Motivation und Zielsetzung der Akteure	(Auswahl) • Gruppe um Stauffenberg und missglückter Anschlag auf Hitler am 20. Juli 1944 waren der letzte Versuch, im Interesse aller Gegner des Nationalsozialismus und seines Regimes den verhassten Diktator zu töten und so die Gewaltherrschaft zu brechen: Die Tat Stauffenbergs gilt heute als Symbol des Gesamtwiderstands von Anhängern der Arbeiterbewegung, Christen, Bürgerlichen unterschiedlicher Tradition, Demokraten, Liberalen, Konservativen und Adligen. • Kreisauer Kreis um Peter Graf Yorck von Wartenburg und Helmut James Graf von Moltke hatte laut Moltke einen Staat als Ziel, der sich als „Hüter der Freiheit des Einzelmenschen" verstünde. • Rote Kapelle war anti-westlich orientiert und verklärte den Sowjetstaat. • Kirchlicher Widerstand, z. B. Dietrich Bonhoeffer • Einzelgänger, z. B. Georg Elser

copy

1 *Nehmen* Sie *kritisch Stellung* zu Winfried **Martinis Definition** von **Widerstand**.

2 *Erörtern* Sie **seine Beurteilung** der **„Weißen Rose"**.

3 *Vergleichen* Sie die **„Weiße Rose" mit anderen** Ihnen bekannten **Widerstandsformen und -gruppen**. **Beziehen** Sie hierbei auch **Motivation** und **Zielsetzung der Akteure ein**.

6. Bildquellen befragen

M1 Napoleon Bonaparte, Breguet Kunde seit 1798

Werbeplakat Breguet.

M2 Napoleons Geschichte mit Breguet

Napoleon Bonaparte gehört zu den treuesten Kunden A.-L. Breguets. Sein Interesse an Breguets Kunst der Zeitmessung überträgt er auch an einige nähere Bekannte und zahlreiche Familienmitglieder. Es gilt als relativ sicher, dass es seinen Kampfgefährten Berthier und Dessolle sowie General Leclerc – alle drei sind Stammkunden Breguets – zu verdanken ist, dass General Bonaparte von der Uhrmacherwerkstatt am Quai de l'Horloge hört.

Im April 1798, einen Monat vor seinem Aufbruch zur Ägyptischen Expedition, erwirbt Napoleon drei Modelle, die die Produktion Breguets besonders gut repräsentieren: die Repetieruhr mit isolierter Hemmung Nr. 38, die Reisependulette mit Kalender und Schlagwerk Nr. 178 (die erste ihrer Art) und die automatische Repetieruhr Nr. 216. Diese Anschaffungen haben wohl zweierlei Gründe: In erster Linie strebt Napoleon auf seinem kometenhaften sozialen und politischen Aufstieg nach dem Besitz edler Objekte als Symbole seiner Macht und seines sozialen Status. Hinzu kommen rein praktische Überlegungen, denn auf seinen Feldzügen benötigt er stabile und zuverlässige Zeitmesser.

https://www.breguet.com/de/zeitleiste/1747-1800/ber%C3%BChmte-kunden/napol%C3%A9on-bonaparte-7050 (letzter Zugriff: 27.3.2018).

M3 Bonaparte an der Brücke von Arcole

Das für das Plakat verwendete Bild stammt vom französischen Maler Antoine-Jean Gros (ÖL auf Leinwand 1796).

1. Beschreiben Sie die einzelnen Elemente dieser Anzeige (M1).
2. Erschließen Sie die mit dieser Anzeige (M1) sowie mit dem Eintrag auf der Website von Breguet (M2) verfolgte Intention.
3. Informieren Sie sich über den Maler und über den Entstehungshintergrund des für die Anzeige verwendeten Gemäldes (M3).
4. Stellen Sie eine Gemäldegalerie mit den bekanntesten künstlerischen Darstellungen Napoleons zusammen (Jacques-Louis David, Jean-Auguste-Dominique Ingres, Paul (Hippolyte) Delaroche, ...). Recherchieren Sie die jeweiligen Hintergründe zu den Gemälden.
5. Stellen Sie begründete Vermutungen an, weshalb Breguet sich für das Gemälde von Gros für die Werbeanzeige entschieden hat.
6. Fassen Sie die Aussage der Werbeanzeige in möglichst einem Satz zusammen.
7. Reflektieren Sie den Umgang mit Geschichte und nehmen Sie kritisch Stellung dazu.
8. Suchen Sie nach weiteren Beispielen, wo sich Werbung Personen und Themen der Vergangenheit bedient.

M4 Michail Gorbatschow reist mit Louis Vuitton

Die Anzeige stammt aus dem Jahr 2007. Michail Gorbatschow war zu diesem Zeitpunkt 76 Jahre alt. Sein Honorar floss in die Gorbatschow-Stiftung, die u. a. die nach seiner verstorbenen Frau Raissa benannte Kinderkrebsklinik in St. Petersburg finanziell unterstützt.

Reist man, um die Welt zu entdecken oder um sie zu verändern?
Berliner Mauer. Auf dem Rückweg von einer Konferenz.

Tel. (0211) 864 70 0 www.louisvuitton.com
Michail Gorbaschov und Louis Vuitton unterstützen das Green Cross International.

LOUIS VUITTON

Werbeplakat Lous Vuitton.
Bildunterschrift: Reist man, um die Welt zu entdecken oder um sie zu verändern? Berliner Mauer. Auf dem Rückweg von einer Konferenz.

1. Informieren Sie sich über die Rolle Gorbatschows bei der Vereinigung der beiden deutschen Staaten und bei der Auflösung der UdSSR/des Ostblocks.
2. Beschreiben Sie die einzelnen Elemente dieser Anzeige.
3. Fassen Sie die Aussage der Werbeanzeige zusammen.
4. Reflektieren Sie den Umgang mit Geschichte und nehmen Sie kritisch Stellung dazu.
5. Suchen Sie nach weiteren Beispielen, wo sich Werbung Personen und Themen der Vergangenheit bedient.

M5 Dem US-Animateur ist nichts zu schwör

Welche Handlung ist dargestellt?

Welche Hinweise gibt es bezüglich des historischen Hintergrundes, der von dem Karikaturisten vorausgesetzt wird?

Was ist dargestellt?

Wer ist dargestellt?

Wie deute ich die Bildunterschrift?

Wie lassen sich Bildunterschrift und Karikatur in Bezug zu einander setzen?

Welche Aussage verfolgt der Karikaturist?

Wie ist die Person dargestellt? (Kleidung, Gesichtsausdruck, …)

Welche Hintergrundinformationen benötige ich, um die Karikatur interpretieren zu können?

DEM US-ANIMATEUR IST NICHTS ZU SCHWÖR

Jürgen Janson

 Beschreiben, analysieren und interpretieren Sie die Karikatur.

7. Diskursfähigkeit schulen – Unterschiedliche Positionen zum Erscheinen der kommentierten Neuauflage von „Mein Kampf"

M1 Das absolut Böse

Jeremy Adler lehrt Deutsche Literatur am King's College London.

Der Versuch, eine „kritische Ausgabe" von „Mein Kampf" zu edieren, ist von vornherein zum Scheitern verurteilt. Editionen dieser Art erarbeitet man für große Werke, für antike Klassiker und für andere Kulturgüter. Man will die Urfassung eruieren, den besten Text herstellen, schwierige Stellen erhellen. Hier ist das Gegenteil der Fall. Das Werk soll entlarvt werden. Das Vorhaben, ein Buch abzudrucken, weil man es ablehnt, widerspricht aber der gesamten Tradition der Textedition seit der Spätantike [...]. Gelehrte Ausgaben dienen per definitionem den Intentionen des Autors. Die Textkritik verfügt nicht über die Mittel, Aussagen zu neutralisieren. Der Autor kommt zu Wort, jetzt aber mit allen Ansprüchen eines Klassikers. [...] Kritische Ausgaben haben als obersten Zweck, ein Original für alle Zeiten zu bewahren. Mag der Wille hinter der Neuausgabe noch so gut sein, der Abdruck eines fragwürdigen Textes kann nur ein Ergebnis zur Folge haben: die Aussagen des Autors zu verbreiten. Ob diese beim Publikum auf Zustimmung oder Ablehnung stoßen, vermag kein Herausgeber zu bestimmen – ein gewissenhafter Editor darf seine Leser gar nicht steuern. Sobald er dies tut, betreibt er Polemik und büßt seine Unabhängigkeit ein, er kompromittiert seine Stellung als Forscher. Aus diesem moralischen Dilemma gibt es keinen Ausweg.

[...] Kein anderes Werk hat jemals so eindeutig zu Verbrechen angeleitet und gegen jegliche Rechtsnorm verstoßen. Der Gesetzgeber hat mitnichten die Verbreitung solcher Hetzschriften vorgesehen, sondern hat ihren Druck schlechthin verboten. Ein solches Buch zu edieren, aus welchem Grunde auch immer, bedeutet daher einen Affront gegen den Staat.

Das absolut Böse lässt sich nicht edieren. Wenn ein Autor ein ganzes Volk als Auswurf, Parasit, Drohnen, eine sich blutig bekämpfende Rotte von Ratten, einen schädlichen Bazillus oder auch nur als Affen verschmäht, für seine Sterilisation plädiert und unzweideutig seine Ausrottung fordert, vermag vielleicht die Psychiatrie zu diagnostizieren und ein Richter ein Urteil fällen, aber die Edition – natürlich nicht die Sprachwissenschaft, die Geschichtswissenschaft: wohlgemerkt, die Edition – steht vor dem Schreckbild hilflos da. Der Staat wird hier unterminiert, die Machtergreifung vorgesehen, der Weltkrieg vorbereitet. Gegenüber dieser Spottgeburt von Wahn und Mord hört jedes Kommentieren auf. Jeglicher Abdruck bedeutet nur eines: die Infamie wiederholen. Man muss zu anderen Methoden greifen, um aufzuklären. Das Argument, man habe schon verwandte Texte ediert, trifft nicht den Kern. Dies ist das Werk, das als Aufruf zum Völkermord in alle Welt ging, nolens volens kommt ihm als letztes Tabu ikonische wie faktische Bedeutung zu.

Es kann daher ein Beobachter nur mit Verwunderung zusehen, wenn ein Land, in dem die Leugnung des Holocausts als Volksverhetzung strafbar ist, gerade jenes Buch wieder auflegt, das an allererster Stelle den in diesem Land angezettelten Holocaust mitverursacht hat. Für Delikte sieht das Gesetz keine Ausnahmen vor, sondern eine Strafe von drei Monaten bis hin zu fünf Jahren Haft.

Man merke wohl: Die Neuausgabe soll weder dem professionellen Historiker dienen noch der Gelehrtenrepublik, die beide spezielle Gründe vorbringen könnten, sondern der Volkspädagogik. Wie stellt man sich diese vor? Wie will man die Wirkung eines heute noch in europäischen Gefängnissen in illegalen Fotokopien zirkulierenden, von den Insassen gepriesenen Werkes durch eine Neuedition eindämmen? Aufklärung verlangt ganz andere Mittel. Und wer ist das „Volk", das man aufklären will? [...] Bald werden jene Fundstellen wie die ärgsten Sätze aus „Mein Kampf" im Internet kursieren. Wie verhütet man den Missbrauch dieser Ausgabe? Es ist bedenklich, um nicht zu sagen gefährlich, vor Gefahren zu warnen, indem man sie in allen Einzelheiten vorführt. [...] Das Buch will die Kultur, ja die Gesellschaft an sich vernichten, und sie durch eine fanatisierte „Masse" ersetzen. Es bleibt nur darum interessant, weil dies dem Autor mit all seinen Nutznießern für eine kurze, grauenvolle Epoche gelang, und vor allem deswegen, weil es sich bei ihm um den größten Massenmörder aller Zeiten handelt. Das bietet aber keine Rechtfertigung, ihn zu edieren [...].

Der Text ist nicht wertlos, [...]. Um ihm seinen Platz zuzuweisen, braucht es Studien: vor allem Monografien und Biografien, wie sie uns Ian Kershaw und neuerdings Peter Longerich liefern. [...] Der wissenschaftliche Beirat des Instituts [für Zeitgeschichte] überwacht das Projekt; der Direktor übersieht es; vier Angestellte führen es aus; und es erscheint im Selbstverlag. Die Garantien, die man bei jeder großen Ausgabe erwartet, die unabhängigen Gremien mit Einspruchsrecht, die rigoros Techniken wie Niveau kontrollierenden Sponsoren [...] scheinen gerade in diesem brisanten Fall zu fehlen. [...]

Es wirkt im höchsten Maße verwunderlich, um nicht zu sagen unverantwortlich, eine Edition gegen die eindeutigen Warnungen des bayerischen Justizministers durchzuboxen, wenn – wie dieser betont hat – die Rechtslage noch zu klären bleibt. Schließlich versteht das IfZ seine Arbeit als Huldigung an die Opfer. Das ist aber der pure Hohn: Man ruft die wehrlosen Toten an, um sein eigenes Handwerk zu rechtfertigen. [...]

Adler, Jeremy (2016): Das absolut Böse, in: Süddeutsche Zeitung vom 7.1.2016.

M2 Eine erstrangige Quelle zur Geschichte Hitlers und des Nationalsozialismus

Mein Kampf ist eine erstrangige Quelle zur Geschichte Hitlers und des Nationalsozialismus. Diese wissenschaftliche Edition macht sie erstmals in kommentierter Form dem interessierten Publikum zugänglich. [...] Es wäre wissenschaftlich, politisch und moralisch nicht zu verantworten, dieses rassistische Konvolut der Unmenschlichkeit gemeinfrei und kommentarfrei vagabundieren zu lassen, ohne ihm eine kritische Referenzausgabe entgegenzustellen, die Text und Autor gewissermaßen in die Schranken weist. Eine solche Referenzausgabe legt das Institut für Zeitgeschichte nun hiermit in zwei Bänden vor. Eines ihrer leitenden Prinzipien ist es, dass in ihr praktisch keine Seite Hitler-Texte zu haben ist, ohne dass damit auch der wissenschaftlich-kritische Kommentar zur Kenntnis genommen werden muss. Umgekehrt heißt das: Der Leser, der sich selbst mit Hitler auseinandersetzen möchte, wird in die Lage versetzt, dies mit dem nötigen kritischen Instrumentarium zu tun.

Eine solche Edition muss einige Anforderungen erfüllen, um ihrem Anspruch gerecht zu werden:

Vor allem muss sie auf dem bestmöglichen wissenschaftlichen Fundament beruhen. Es gilt, soweit möglich, Hitlers Quellen offenzulegen, und seinem Ideenhorizont – der ja tief in der deutschen völkischen Tradition verankert war – zu durchschreiten. Die in *Mein Kampf* enthaltene, horrend stilisierte Autobiografie muss dekonstruiert und die Funktion dieser Stilisierung erläutert werden. Von entscheidender Bedeutung ist es, die von Hitler gestreuten Falschinformationen und seine offenen Lügen zu enttarnen, vor allem aber auch jene zahllosen Halbwahrheiten kenntlich zu machen, die ihre verderbliche propagandistische Wirkung erzielten. Schließlich soll diese Edition auch darauf hinweisen, in welch vielfältiger Weise Hitlers Gedankenwelt die spätere Regimephase seit 1933 prägte. Keineswegs ist das NS-Regime – das wissen wir längst – allein mit Hitler erklärbar; aber ohne die Person Hitlers, wie sie in *Mein Kampf* zutage tritt, wäre das Regime in all seiner Monstrosität nicht vorstellbar.

Ferner soll unsere Edition erschwinglich sein, damit sie dem interessierten Publikum offensteht. Allein auf diese Weise kann sie den aufklärerischen Auftrag der Wissenschaft erfüllen und zugleich zur dringend erforderlichen Entmystifizierung dieser Grundschrift des Nationalsozialismus beitragen. Damit erledigt sich auch die Frage nach der Legitimität des Aufwands, den das hier vorgelegte Werk unverkennbar forderte. Denn in Deutschland ist es auch siebzig Jahre nach dem Kriegsende erforderlich, die fatalen Triebkräfte des Nationalsozialismus und seines tödlichen Rassismus wissenschaftlich zu erforschen, kritisch zu präsentieren und einer informierten Öffentlichkeit zur Diskussion zu überlassen. Das gilt erst recht für diese so wichtige Quelle der Geschichte des Nationalsozialismus, und das ist nicht zuletzt auch ein wissenschaftlicher und damit sehr spezifischer Dienst an der Würde der Opfer. Wieweit diese Edition die genannten Ansprüche erfüllt, mag der kritische Leser beurteilen. [...]

Vorwort, in: Hitler, Mein Kampf. Kritische Edition (2016). Hrsg. von Hartmann, Christian u. a. Berlin, ohne Seitenangaben.

1. Lesen Sie aufmerksam die unterschiedlichen Positionen zur kommentierten Neuausgabe von „Mein Kampf". Legen Sie eine Tabelle an, in der Sie die in den Texten genannten Argumente für und gegen die Neuausgabe des Buches stichpunktartig auflisten.
2. Ergänzen Sie diese Pro-kontra-Sammlung um eigene Argumente.
3. Wählen Sie nun eine Seite und nehmen Sie eine Hierarchisierung der Argumente vor.
4. Bereiten Sie sich auf eine Diskussionsrunde/Debatte vor, indem Sie auch darüber nachdenken, wie Sie Argumente der anderen Seite entkräften könnten.
5. Recherchieren Sie im Internet unter dem Schlagwort „Historikerkontroversen". Entscheiden Sie sich für eine Kontroverse und begründen Sie, weshalb Ihnen eine Diskussion zu dem von Ihnen gewählten Thema reizvoll erscheint.
6. Erläutern Sie die folgende Aussage und nehmen Sie Stellung dazu: „Historikerkontroversen bieten Geschichte als Fortsetzung der Politik mit anderen Mitteln." (Carl E. Schorske).

Vorschlag für eine Leistungskontrolle

M1

Geschichte ist also nicht einfach gegeben, sondern Geschichte entsteht erst und wird erst „gemacht", wenn und indem ein Bedeutungszusammenhang zwischen Gegenwart und Vergangenheit hergestellt wird. An sich ist die aus Zeugnissen erfahrbare Vergangenheit ein Ensemble nichtssagender Daten, die voneinander und untereinander beziehungslos und sinnlos sind. Für uns gewinnen sie erst Bedeutung und Sinn, wenn wir – notwendigerweise aus unserer Gegenwart – Fragen an sie richten. Erst in der durch die Frage ausgelösten Hinsicht können die gegebenen Daten untereinander in Beziehung gesetzt und sinnhaft narrativ miteinander verbunden werden. Diesen Bedeutungszusammenhang zwischen Gegenwart und Vergangenheit, den wir „Geschichte" nennen, versuchen Menschen herzustellen, weil sie an der Lösung praktischer Probleme in ihrer Gegenwart interessiert sind und sich von der Erinnerung Informationen oder Orientierungen erhoffen, die für die Lösung der gegenwärtigen Probleme hilfreich sein können. [...] Die aus Zeugnissen erfahrbare Vergangenheit wird also aus praktischen Interessen aus den wechselnden Problemlagen der sich unablässig in die Zukunft absetzenden Gegenwart immer neu befragt. Geschichte als fortgesetzter Versuch, vergangenes menschliches Handeln und Leiden für uns zu erfassen, entsteht also überhaupt erst, wenn ein gegenwärtiges Interesse und Bedürfnis an Orientierung und Information vorliegt, das auf eine an erfolgversprechende Regeln gebundene Erinnerung drängt: Geschichte ist eine Denkbewegung, die notwendigerweise in der Gegenwart ansetzt und sich mit vergangenem menschlichen Handeln und Leiden auseinandersetzt, um in Gegenwart und Zukunft ein vernunftgeleitetes Handeln zu ermöglichen. [...]

Bergmann, Klaus (1981): Gegenwartsbezogenheit und Zukunftsbezogenheit historischen und geschichtsdidaktischen Denkens, in: Schörken, Rolf (Hg.): Der Gegenwartsbezug der Geschichte. Stuttgart, S. 39 f.

M2

Bei der angespannten Weltlage des Jahres 1914, nicht zuletzt als Folge der deutschen Weltpolitik – die 1905, 1909 und 1911 bereits drei gefährliche Krisen ausgelöst hat –, musste jeder lokale Krieg in Europa, an dem eine Großmacht unmittelbar beteiligt war, die Gefahr eines allgemeinen Krieges unvermeidbar nahe heranrücken. Da Deutschland den österreichisch-serbischen gewollt und gedeckt hat und im Vertrauen auf die deutsche militärische Überlegenheit es im Juli 1914 bewusst auf einen Konflikt mit Russland und Frankreich ankommen ließ, trägt die deutsche Reichsführung den entscheidenden Teil der historischen Verantwortung für den Ausbruch des allgemeinen Krieges.

Fischer, Fritz (1964): Der Griff nach der Weltmacht. Düsseldorf, S. 82.

M3

Außenpolitisch geriet (die deutsche Nation) in jene Einkreisung durch [...] Militärbündnisse, die jeder politisch Denkende seit spätestens 1911 als schwere Bedrückung empfand. Nur eine Regierung von Abenteurern hätte in einer solchen Lage daran denken können, einen Krieg zu provozieren, um „nach der Weltmacht zu greifen" [...] Das Abenteuer wäre umso größer gewesen, als gerade in diesem Jahr die Unzulänglichkeit der deutschen Landrüstung [...] und die Aussichtslosigkeit einer „Entscheidungsschlacht" unserer Panzerflotte gegen England den obersten Militärführern klar bewußt wurde.

Ritter, Gerhard (1964): Staatskunst und Kriegshandwerk. Das Problem des Militarismus in Deutschland, Bd. 3. München, S. 15 f.

In knapp zwei Jahrzehnten des Imperialismus war ein Weltkrieg zweier Gruppen miteinander verbündeter imperialistischer Mächte herangereift, die sich um Deutschland und England als die beiden Hauptgegner gruppierten. Der deutsche Imperialismus, der im ersten Jahrzehnt dieses Jahrhunderts seine größte Machtentfaltung erlebte, d. h. in einer Zeit, in der die Welt schon weitgehend verteilt war, hatte eben deshalb das größte Interesse an einer Neuaufteilung der Welt.

Klein, Fritz (1967): Deutsche Geschichte. Bd. 2. Berlin (Ost), S. 767.

Alle glaubten sich in der Defensive, und alle waren kriegsbereit. Alle überschätzten die eigene existentielle Bedrohung, alle unterschätzten den kommenden Krieg [...] Und wenn man [...] die Entscheidungsfreiheit der Handelnden bedenkt, so haben alle Anteil an der Zuspitzung der Krise, wenn auch unterschiedlich.

Nipperdey, Thomas (1993): Deutsche Geschichte 1866-1918. Bd. 2. München, Verlag C.H. Beck, S. 696f.

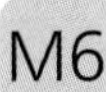

Mittlerweile ist unstrittig, dass das Deutsche Reich bewusst das Risiko eines Krieges eingegangen ist und ihm ein großer Teil der Schuld am Kriegsausbruch zukommt. Neuere Forschungen haben allerdings darauf hingewiesen, dass die Verantwortung Österreich-Ungarns nicht minder schwer wiegt. Man sollte heute somit davon sprechen, dass dem Zweibund die Hauptschuld am Krieg zukommt, ohne dabei die Verantwortung der Triple-Entente, und hier insbesondere Russlands, außer Acht zu lassen. Zudem gilt es sorgfältig zwischen den Ereignissen der Juli-Krise, die dann zum Ausbruch des Krieges führte, und den langfristigen Ursachen wie dem Hochimperialismus oder der Veränderung der Staatenkonstellation um 1900 zu unterscheiden. In dem letzten Punkt haben neuere Forschungen insbesondere die Rolle Großbritanniens kritisch hervorgehoben.

Neitzel, Sönke (2002): Kriegsausbruch. Deutschlands Weg in die Katastrophe. Zürich, S. 7

Der Kriegsausbruch von 1914 ist kein Agatha-Christie-Thriller, an dessen Ende wir den Schuldigen im Konservatorium über einen Leichnam gebeugt auf frischer Tat ertappen. In dieser Geschichte gibt es keine Tatwaffe als unwiderlegbaren Beweis, oder genauer: Es gibt sie in der Hand jedes einzelnen wichtigen Akteurs. So gesehen war der Kriegsausbruch eine Tragödie, kein Verbrechen. Wenn man dies anerkennt, so heißt das keineswegs, dass wir die kriegerische und imperialistische Paranoia der österreichischen und deutschen Politiker kleinreden sollten, die zu Recht die Aufmerksamkeit Fritz Fischers und seiner historischen Schule auf sich zog. Aber die Deutschen waren nicht die einzigen Imperialisten, geschweige denn die einzigen, die unter einer Art Paranoia litten. Die Krise, die im Jahr 1914 zum Krieg führte, war die Frucht einer gemeinsamen politischen Kultur. Aber sie war darüber hinaus multipolar und wahrhaft interaktiv – genau das macht sie zu dem komplexesten Ereignis der Moderne, und eben deshalb geht die Diskussion um den Ursprung des Ersten Weltkriegs weiter, selbst ein Jahrhundert nach den tödlichen Schüssen Gavrilo Princips an der Franz-Joseph-Straße.

Clark, Christopher ([4]2013): Die Schlafwandler. Wie Europa in den Ersten Weltkrieg zog. München, S. 716f.

M8

Der Krieg brach aus, weil einflussreiche Kreise in Wien und Berlin ihn herbeiführen wollten und ihn absichtlich riskierten und weil man in Paris und Petersburg bereit war, diesen Krieg zu führen, wenn er denn käme. Gewiss, es gab auch in Paris und Petersburg und zu einem viel geringeren Teil sogar in London Befürworter des Krieges, vor allem unter den Militärs. Aber die Entscheidung, im Sommer 1914 einen Krieg zu führen, war in Wien und Berlin getroffen worden.

Mombauer, Annika (2014): Die Julikrise. Europas Weg in den Ersten Weltkrieg. München, Verlag C.H. Beck, S. 119.

M9

In der mehr als einhundertjährigen Debatte über die Gründe und die Verantwortung für den Ausbruch des Ersten Weltkrieges blieb ein wesentlicher Faktor bislang unberücksichtigt: die französische Detailkenntnis des Schlieffenplans. [...] dieses Wissen um das seit 1913 alternativlose militärische Vorgehen des Deutschen Reiches sowie die sich hieraus ergebenden Handlungszwänge [wurden] zum Kompassbuch der Außen- und Militärpolitik Frankreichs vor dem Kriegsbeginn. Als Ministerpräsident und als Staatspräsident verfolgte Poincaré eine Kriegsvorbereitungs- und Erpressungspolitik gegenüber Berlin. Sie sollte nicht nur die Sicherheit Frankreichs vor Deutschland verbürgen. Ihr Ziel und ihre Perspektive waren vielmehr die einer Revanche für 1870/71, um, analog zu Bismarcks Vorgehen in der „Hohenzollernkrise", die Berliner Reichsleitung in eine Situation zu manövrieren, in der sich diese zur Flucht nach vorne in die Kriegsauslösung entschloss. [...] Poincarés Kalkül erfüllte den Tatbestand einer indirekten Kriegsentfesselung.

Schmidt, Rainer F. (2016): „Revanche pour Sedan" – Frankreich und der Schlieffenplan. Militärische und bündnispolitische Vorbereitung des Ersten Weltkriegs, in: Historische Zeitschrift. Bd. 303. H. 2. Berlin, S. 424f.

1. Geben Sie knapp und in eigenen Worten wieder, wie Bergmann „Geschichte" definiert.
2. Fassen Sie in eigenen Worten zusammen, welche Funktion Bergmann der Geschichte zuweist.
3. Finden Sie geeignete Überschriften für die einzelnen Materialabschnitte.
4. Vergleichen Sie die Positionen der unterschiedlichen Historiker zur Frage nach der Verantwortung für den Ausbruch des Ersten Weltkrieges.

Erwartungshorizont

1. Geschichte entsteht erst dann, wann man durch gezielte Fragen an die Vergangenheit einen Bedeutungszusammenhang zur Gegenwart herstellt.

2. Menschen stellen Fragen an die Geschichte, um Orientierung und Erkenntnisse zu gewinnen. Dies soll ihnen helfen, ein vernunftgeleitetes Handeln zu ermöglichen.

3. Zum Beispiel:
   Fritz Fischer: Die deutsche Reichsführung trägt die Verantwortung.
   Gerhard Ritter: Das Deutsche Kaiserreich hat nicht nach der Weltmacht gegriffen.
   Fritz Klein: Der deutsche Imperialismus war für den Krieg verantwortlich.
   Thomas Nipperdey: Alle Beteiligten tragen Verantwortung.
   Sönke Neitzel: Komplexe Gemengelage, in der dem Zweibund die Hauptschuld am Krieg zukommt.
   Christopher Clark: Die Diskussion um die Schuldfrage lässt sich (noch) nicht abschließend klären.
   Annika Mombauer: Die Entscheidung wurde in Wien und Berlin getroffen.
   Rainer F. Schmidt: Frankreich (Poincaré) betrieb eine Kriegsvorbereitungs- und Erpressungspolitik gegenüber Berlin.

4. Im Vergleich der Positionen wird mit Blick auf die neuere Forschungsliteratur (M6-M9) das Bedürfnis deutlich, einerseits Verantwortlichkeiten klar zu benennen („Der Krieg brach aus, weil einflussreiche Kreise in Wien und Berlin ihn herbeiführen wollten und ihn absichtlich riskierten", Mombauer), andererseits nicht in eine grobschlächtige Schwarz-Weiß-Malerei zu verfallen. Begriffe wie „Hauptschuld" (Neitzel) verdeutlichen das Bemühen, bei klarer Schuldzuweisung dennoch die Verantwortung aller übrigen Kriegsbeteiligten nicht unter den Tisch fallen zu lassen.
   Unter den Positionen aus den 1960er Jahren lassen sich deutlich die Gegensätze zwischen Fischer und Ritter herausarbeiten (M2 und M3). Fischer unterstellte der deutschen Reichsführung ein absichtsvolles, den Krieg provozierendes Vorgehen, hervorgerufen durch das „Vertrauen auf die deutsche militärische Überlegenheit". Ritter hingegen ging davon aus, dass „die Unzulänglichkeiten der deutschen Landrüstung [...] und die Aussichtslosigkeit einer „Entscheidungsschlacht" [der deutschen] Panzerflotte gegen England" – zumindest „den obersten Militärführern" bekannt waren, so dass es ihm vollkommen abwegig erschien, der deutschen Regierung in einer derartigen Lage den „Griff nach der Weltmacht" zu unterstellen.
   Christopher Clark (M7) nimmt bei der getroffenen Auswahl an Texten und Positionen eine gewisse Mittlerposition zwischen der älteren und der neueren Forschungsliteratur ein. Er räumt einerseits den Forschungsergebnissen Fischers eine gewisse Plausibilität ein und sieht andererseits – wie andere vor ihm, zum Beispiel Nipperdey (M5) – bei allen Beteiligten eine tragische Verantwortung. Sein zukunftsweisendes Fazit, in dem er darauf hinweist, dass die Diskussion um die Schuldfrage nicht beendet ist und nicht beendet sein kann, bestätigt sich mit den Forschungsergebnissen Rainer F. Schmidts, der gerade erst (2016) einen „neuen" Schuldigen – Frankreich – gefunden zu haben scheint.

Checkliste Referat

Die folgenden Gesichtspunkte sind als Hilfestellung bei der Planung und für den Vortrag eines oberstufenadäquaten Referates gedacht. Sie lassen sich nicht immer chronologisch „abarbeiten", sollten aber alle irgendwann Berücksichtigung finden!

Themenzuschnitt

Habe ich für mein Thema ***(Beispiel: Krimkrieg)*** einen Fokus gefunden, der es mir ermöglicht, das Thema innerhalb der vorgegeben Zeit zu bearbeiten und vorzutragen? Ein ***Beispiel*** für eine inhaltliche Fokussierung und Eingrenzung beim Thema Krimkrieg wäre folgende Schwerpunktsetzung: ***Der Krimkrieg – der erste „moderne" Krieg***

Fragestellung

- Aus dem Zuschnitt des Themas heraus sollte sich eine zentrale Fragestellung ergeben. ***Beispiel: Was macht den Krimkrieg zum ersten modernen Krieg?***
- Auf die Fragestellung sollte während es Vortrages immer wieder Bezug genommen werden. So verliert man selbst wie auch der Zuhörer nicht den „roten Faden".
- Sinn und Zweck der Formulierung einer zentralen Fragestellung besteht natürlich darin, diese im Verlaufe des Referates auch zu beantworten. Jeder Gliederungspunkt des Referates sollte diesem Ziel dienen.

Recherche

Hier ist es wichtig, sich nicht zu verzetteln! Einige wenige Seiten im Internet können schon einen guten Ausgangspunkt liefern, eine vertiefende Recherche kann zielgerichtet erfolgen, sobald die Gliederung des Referates steht. Oft zeigt sich dann, an welcher Stelle noch einmal im Internet bzw. in der Schul- und/oder Stadtbibliothek nachgeforscht werden sollte. Bei lokalgeschichtlichen Themen sollte ein Besuch ins Stadtarchiv eingeplant werden!

Brainstorming

Als Möglichkeit, um erste Inhalte und Ideen festzuhalten, die man gerne in seinem Referat unterbringen möchte, kann eine Mindmap hilfreich sein.

Gliederung

- Die Gliederung des Referates sollte sich aus der Sortierung (Bündelung, Priorisierung, Hierarchisierung etc.) der Ergebnisse des Brainstormings ergeben.
- Sie sollte den Zuhörern am Anfang des Referates bekannt gegeben werden. Dies schafft Transparenz und gibt Orientierung.

Orientierung in Raum und Zeit

- Ist bei Ihrem Thema eine Karte oder ein Kartenausschnitt zur geografischen Orientierung der Zuhörer nötig oder hilfreich?
- Oder vielleicht ein grober Zeitstrahl?

Anspruch (Oberstufe)

- Habe ich darauf geachtet, monokausale Erklärungen zu vermeiden? ***Beispiel: Bei den Ursachen für den Ausbruch des Ersten Weltkrieges gilt es, das multikausale Ursachengeflecht herauszuarbeiten.***
- Können *Kontroversen* einbezogen werden? ***Beispiel: Kriegsschuldkontroverse***
- Können bestimmte Sachverhalte **multiperspektivisch** beleuchtet werden? ***Beispiel: Die unterschiedlichen Sichtweisen von Augenzeugen auf die Vertreibung und Vernichtung der Armenier zur Zeit des Ersten Weltkrieges***
- Welche Quellen stehen dem Historiker für das in den Fokus genommene Thema zur Verfügung?

Tipps für den Vortrag

- Je freier das Referat vorgetragen werden kann, umso lebendiger wirkt der Vortrag. Außerdem besteht dadurch die Möglichkeit Blickkontakt zum Publikum aufzunehmen. Den freien Vortrag kann man üben, indem man sich das Referat mehrfach selbst vorträgt und am Ende nur noch wenige Stichworte auf Kärtchen benötigt, um sich an die vorzutragenden Informationen zu erinnern.
- Binden Sie Ihre Zuhörer mit ein. ***Beispiel: Stellen Sie Fragen zum Vorwissen oder lassen Sie das Publikum zu Sachverhalten spekulieren, die Sie Ihnen dann näher erläutern.***
- Geben Sie Ihren Zuhörern am Ende die Möglichkeit Fragen zu stellen. Überlegen Sie im Vorfeld, zu welchen Sachverhalten Fragen aus dem Publikum kommen könnten, damit Sie sich möglichst gut auf Ihre Antworten vorbereiten können.
- Fordern Sie eine Rückmeldung zu Ihrem Referat ein!

Literatur und Quellen

Literatur

Adler, Jeremy (2016): Das absolut Böse, in: Süddeutsche Zeitung vom 7.1.2016.
Baberowski, Jörg u. a. (2001): Geschichte ist immer Gegenwart. Vier Thesen zur Zeitgeschichte. Stuttgart/München.
Behnen, Michael (1977): Quellen zur Quellen zur deutschen Außenpolitik im Zeitalter des Imperialismus 1890-1911, Darmstadt.
Berghahn, Volker/Deist, Wilhelm (1988): Rüstung im Zeichen der wilhelminischen Weltpolitik. Grundlegende Dokumente 1890-1914. Düsseldorf.
Bongertmann, Ulrich u. a. (2017): Leitfaden Referendariat im Fach Geschichte. Schwalbach/Ts.
Brandt, Christopher G. (2015): Der Völkermord an den Armeniern. Bausteine für eine Unterrichtsreihe. Potsdam.
Clark, Christopher ([4]2013): Die Schlafwandler. Wie Europa in den Ersten Weltkrieg zog. München.
Fischer, Fritz (1964): Der Griff nach der Weltmacht. Düsseldorf.
Gentner, Elisabeth (2016): Geschichtstheorie ganz praktisch. Schwalbach/Ts.
Gottschlich, Jürgen (2015): Beihilfe zum Völkermord. Deutschlands Rolle bei der Vernichtung der Armenier. Bonn.
Gieler, Wolfgang/Henrich, Christian Johannes (Hg.) (2010): Politik und Gesellschaft in der Türkei. Im Spannungsverhältnis zwischen Vergangenheit und Gegenwart. Wiesbaden.
Hanioglu, M. Sükrü (2008): A Brief History of the Late Ottoman Empire, Princeton/Oxford.
Hitler, Mein Kampf. Kritische Edition (2016). Hrsg. von Hartmann, Christian u. a. Berlin.
Jordan, Stefan (Hg.) (2013): Lexikon Geschichtswissenschaft. Hundert Grundbegriffe. Stuttgart.
Jordan, Stefan ([3]2016): Theorien und Methoden der Geschichtswissenschaft. Paderborn 2016, S. 13-17.
Klein, Fritz (1967): Deutsche Geschichte. Bd. 2. Berlin (Ost).
Martini, Winfried (1991): Der Sieger schreibt die Geschichte. Anmerkungen zur Zeitgeschichte. München.
Möller, Horst (2003): „Was ist Zeitgeschichte?" in: Möller, Horst/Wengst, Udo (Hg.): Einführung in die Zeitgeschichte.
Mombauer, Annika (2014): Die Julikrise. Europas Weg in den Ersten Weltkrieg. München.
Neitzel, Sönke (2002): Kriegsausbruch. Deutschlands Weg in die Katastrophe. Zürich.
Nipperdey, Thomas (1993): Deutsche Geschichte 1866-1918. Bd. 2. München.
Ritter, Gerhard (1964): Staatskunst und Kriegshandwerk. Das Problem des Militarismus in Deutschland. Bd. 3. München.
Schmidt, Rainer F. (2016): „Revanche pour Sedan" – Frankreich und der Schlieffenplan. Militärische und bündnispolitische Vorbereitung des Ersten Weltkriegs, in: Historische Zeitschrift. Bd. 303. H. 2. Berlin.
Schörken, Rolf (Hg.) (1981): Der Gegenwartsbezug der Geschichte. Stuttgart.
Uysal, Berna Türkdogan (2009): The Displacement. Turkish-Armenian Relations since 1915. Istanbul.

Internetquellen

https://www.breguet.com/de/zeitleiste/1747-1800/ber%C3%BChmte-kunden/napol%C3%A9on-bonaparte-7050 (letzter Zugriff: 27.3.2018)